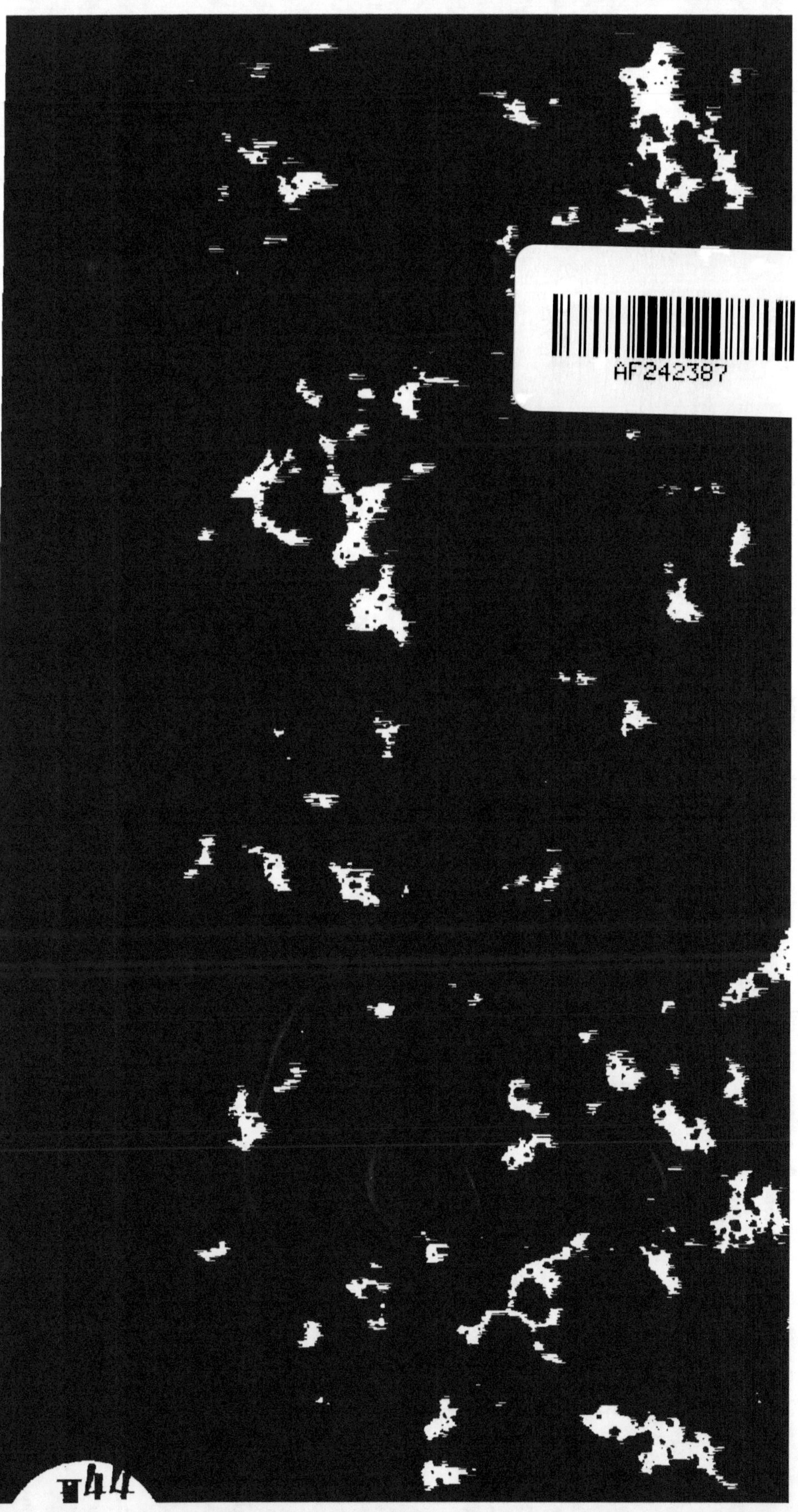
AF242387

4
992

SERVICE

SOLENNEL

D'ACTION DE GRACES.

SERVICE

SOLENNEL

D'ACTION DE GRACES,

célébré par l'Église Réformée Consistoriale
du Département de la Seine,

Dans le Temple de la rue S. Thomas-du-Louvre, à Paris,
le vendredi 15 août 1806,

ANNIVERSAIRE DE LA NAISSANCE
DE S. M. L'EMPEREUR ET ROI.

CÉLÉBRANT:

M. PAUL-HENRI MARRON, Président du Consistoire,
membre dela Légion d'Honneur.

———

A PARIS,

Chez PERLET, rue de Tournon, n° 6.

1806.

SERVICE

SOLENNEL

D'ACTION DE GRACES

célébré par l'Église Réformée Consistoriale
du Département de la Seine.

PREMIER CHANT.

Cantique tiré du Pseaume CII.

O DIEU ! tes faits, pleins de gloire,
Sont gravés dans notre histoire :
Jamais les temps à venir
N'en perdront le souvenir.
Seigneur, ton peuple fidèle,
Enflammé d'un nouveau zèle,
Chantera, plein d'alégresse,
Et ta force et ta sagesse.

La terre fut ton ouvrage :
C'est ta main puissante et sage,
Qui sut compasser les cieux,
Ornés d'astres radieux.

Du siége où tu te reposes,
Tu vois vieillir toutes choses ;
Mais ta Majesté suprême
Demeure toujours la même.

Couronne-nous de ta grace !
Fais qu'à jamais notre race,
Sensible à tous tes bienfaits,
Sous ton abri vive en paix !
Nos enfans, par ta clémence,
Croissant en ta connoissance,
Te serviront d'âge en âge.
Daigne agréer notre hommage !

PREMIÈRE PRIÈRE.

O toi par qui les rois règnent, par qui les princes administrent la justice, grand Dieu ! rends ce service d'action de graces religieuse digne de toi, digne de la circonstance solennelle qui en est l'objet ! Jette sur cette portion de ton héritage, recueillie aux pieds de ton trône, un regard de bienveillance et de miséricorde ! Quel est devant toi notre néant, notre indignité ! Pécheurs, hélas ! nous le sentons vivement, et, si ce n'étoit sous les auspices de ton Christ, nous n'oserions t'approcher qu'en tremblant. Mais où la foiblesse abonde , sa grace surabonde encore : où le repentir excite la confiance et soutient la foi, là tes compassions sont inépuisables , infinies. Donne-nous de l'éprouver à cette heure ! Daigne toi-même épurer, sanctifier nos hommages ! Au nom de celui qui prie avec nous, qui intercède pour nous auprès de toi, agrée notre humble consécration ! Revêts celui que tu honores du ministère de la parole sainte , d'onction et de force ! Dispose son auditoire à la méditation attentive , à la pieuse admiration des voies merveilleuses de ta paternelle providence ! Que nos prières montent devant toi comme un parfum de bonne odeur, et qu'elles redescendent sur ton Oint , qu'elles redescendent sur ton Peuple en mille et mille bénédictions ! Nous scellons nos prières toujours imparfaites par l'oraison accomplie que ton Fils nous a enseignée : *Notre Père,* &c.

SECOND CHANT.

Cantique tiré du Pseaume cxxii.

Quel transport ! quel ravissement !
Quand on me dit : « Montons au lieu,
Que de sa gloire notre Dieu
Veut remplir éternellement ! »
Aux doux gages de sa bonté
Répondra la docilité
De son héritage fidèle.
Priez pour la sainte cîté !
Priez pour sa prospérité !
Enflammez-vous d'un nouveau zèle !

Puissent l'Abondance et la Paix
Fleurir à jamais sur tes bords !
Puisse le Ciel de ses trésors
Combler tes hameaux, tes palais !
Oui, Sion ! puisqu'encor je vois
Mes frères rangés sous tes lois,
Pour toi mon zèle s'intéresse.
Je veux, à cause du saint lieu,
Où daigne habiter notre Dieu,
Pour toi, Sion ! prier sans cesse.

TEXTE:

Isaïe, chap. XII.

Vous direz en ce jour-là : je te louerai, ô Eternel ! de ce qu'après avoir été irrité contre moi, ta colère s'est appaisée, et de ce que tu m'as consolé. — Le Dieu fort est ma délivrance ; je serai plein de confiance ; je ne craindrai point : l'Eternel, l'Eternel est ma force et le sujet de mes cantiques ; il a été mon sauveur ! — Vous puiserez avec joie dans la fontaine du salut, et vous direz en ce jour-là : célébrez l'Eternel, invoquez son nom ; annoncez aux peuples ses hauts faits ; rappelez à leur souvenir que son nom est un asyle assuré. — Chantez à l'honneur de l'Eternel, car il a fait de grandes choses ; que toute la terre en soit instruite ! Réjouissez-vous, habitans de Sion ! jetez des cris de joie ! le Saint d'Israël est grand au milieu de vous !

DISCOURS.

Chrétiens mes chers frères, Qu'il est beau le cantique que vous venez d'entendre ! Avec quel transport Israël a dû le recueillir de la bouche du prophète ! Eminemment digne d'être inscrit dans le code des célestes révélations, qu'il exprime de grandes idées ! qu'il rappelle de grands événemens ! quels sentimens profonds il devoit inspirer ! Assurément le peuple Hébreu se retraçoit, en le récitant, toutes les merveilles de la Providence qui avoient éclaté sur lui depuis son origine jusqu'au temps du prophète. Mais la conjoncture particulière qui inspira cet hymne religieux, occupoit singulièrement sa pensée, concentroit ses méditations : c'étoit la reconstruction de la cité sainte et le rétablissement du culte par Zorobabel. Cyrus, roi de Perse, pénétré d'une juste estime pour ce descendant de la famille des rois de Juda, lui avoit confié la conduite des Juifs qui, par sa permission, retournèrent en leur pays après une longue captivité. Il lui avoit remis les vases sacrés du temple. Les fondemens de la maison de Dieu avoient été jetés l'an cinq cent trente-cinq avant Jésus-Christ ; mais de sinistres entraves interrompirent l'ouvrage pendant quatorze ans : enfin les obstacles avoient été vaincus, et la dédicace du nouveau temple s'étoit faite avec la plus touchante solennité. Ces faveurs signalées étoient pour le peuple d'Israël le gage indubitable d'autres plus précieuses encore. Le règne du Messie demeuroit constamment sa perspective favorite, et ses prophètes aimoient à nourrir , à fortifier cette attente. Sans contredit, les bienfaits de ce règne étoient également présens à l'imagination d'Isaïe dans la composition de son cantique. Ils devoient être méconnus par des hommes charnels ; ils seroient rejetés par une prévention fatale, par une déplorable obstination ; mais les Juifs n'en pouvoient éloigner l'image chérie d'aucune de leurs jouissances : ces jouissances seroient toutes surpassées, effacées par ce règne glorieux. Là brilleroit toute la plénitude de la bienveillance du Très-Haut : là se verroient prodiguées toutes les richesses de sa puissance et de ses miséricordes.

Mais, Chrétiens, si ce cantique a dû vivement frapper les contemporains du prophète, pourroit-il avoir manqué de vous frapper aussi ? Applicable, comme vous avez dû le trouver, à la circonstance qui nous réunit en ce temple, vos esprits et vos cœurs ne se sont-ils pas mis à l'unisson de ses saints accens ? Oui, j'aime à le croire, l'expression des transports d'admiration et de gratitude de l'ancienne Israël vous a semblé vous convenir avec non moins de vérité, et vous savez quelque gré du choix de son texte à celui qui vous porte la parole. Nous célébrons l'anniversaire de la naissance

de l'Empereur, et la commémoration du rétablissement de notre Culte, organisé par ses
soins paternels. Lui-même a daigné associer
nos églises à la manifestation de la plus légitime reconnoissance, et nous nous sommes
empressés d'entrer dans ses vues, et de ne
point séparer le Bienfaiteur de celui des bienfaits de son règne que nous devons apprécier
le plus. Ah ! mes frères, acquittons digne-
ment le tribut de notre gratitude envers le
Très-Haut, et que la religion et le bien public, intimement unis, concourent à rendre
son Oint l'objet constant de nos affections non
moins que de notre respect. Que nos discours,
que nos prières retentissent aujourd'hui du
nom de Napoléon! Implorer le ciel pour lui,
c'est l'implorer pour nous : Ses hautes destinées sont inséparables des nôtres : Par lui,
le Saint d'Israël est et il sera à jamais *grand
au milieu de nous. Amen!*

Notre premier sujet d'action de graces
religieuse et de commémoration sainte est
l'anniversaire de la naissance de l'auguste
Chef de l'Empire, de Napoléon-le-Grand. —
La providence du Créateur des mondes est
sans contredit universelle ; elle embrasse tous
les êtres et tous les événemens ; mais ses merveilles semblent briller spécialement dans la

naissance et dans la conservation de cés hommes rares, que de loin en loin elle suscite
pour fonder ou pour régénérer les empires ;
pour appeler les peuples dans une carrière
inconnue de gloire et de prospérité , ou pour
les relever d'une profonde dégradation , du
poids accablant de l'infortune et de l'opprobre.
Ministre de la parole sainte, je me borne à
y puiser mes preuves. Quels exemples que
ceux de Moïse, de Joseph, de David ! Voyez
quels dangers entourent le berceau du premier ! voyez sa préservation inespérée !
voyez son éducation dans une cour idolâtre
et corrompue ; et , au milieu de tant de piéges ,
le triomphe de son innocence ! Voyez le dé-
but de son ministère ! voyez sa persévérance
et ses succès ! Encore aujourd'hui son nom
est consaeré en Israël comme celui du fondateur, du héros, du législateur, et il ne
s'effacera en aucun âge. — Joseph, appelé à
exercer en Egypte l'autorité la plus étendue,
devoit , pendant le cours du plus horrible
fléau, en être le bienfaiteur, le génie tutélaire, le sauveur. Mais à travers quelles tri-
bulations, quels périls, quelles crises, le suprême Arbitre des choses le conduit à ce poste
éminent ! comme d'un œil toujours ouvert
il veille sur lui ! comme il déconcerte les

plus odieuses trames ! comme il associe enfin Israël lui-même au bonheur de Memphis ! — Vous retracerai-je tous les détails de l'histoire de David , dans les mains duquel le sceptre le plus révéré remplaça l'humble houlette , et qui nous a laissé tant de magnifiques cantiques pour monumens immortels de sa reconnoissance? Mais ces détails, pleins d'intérêt, j'aime à vous les supposer connus ; ou je me plais à stimuler, par une simple indication , votre desir de les puiser à leur source. Et si je pouvois de même , Chrétiens, vous présenter ici, dès son premier âge, le Héros dont nous célébrons l'anniversaire ; si je vous le montrois dans les jeux de son adolescence préludant déjà à sa future célébrité ; si surtout je le suivois avec vous depuis son entrée dans la carrière militaire jusqu'à ce moment; depuis le jour où, sur les hauteurs voisines de Gênes, montrant à une armée foible, découragée, éprouvée par toutes sortes de besoins, ces Alpes, boulevard imposant de l'Italie ; il lui dit : « Au-delà de ces monts sourcilleux, » il ne vous manquera plus rien » , jusqu'à celui où, sous une tente modeste, il méditoit, il calculoit à Austerlitz les brillans exploits du lendemain, de cette journée sans exemple, qui a étonné et sauvé l'Europe civi-

lisée ; combien, mes Frères, cette providence
directrice, conductrice, préservatrice, frapperoit vos regards ! comme, abondant dans le
sens de mon texte, vous aimeriez à dire :
« *Chantons à l'Éternel, car il a fait de grandes*
» *choses ! que toute la terre en soit instruite :*
» *le Saint d'Israël est grand au milieu de*
» *nous* » *!* Jamais de plus hautes conceptions, de plus hardis projets furent-ils suivis
d'une exécution plus prompte, plus sûre,
mesurée avec plus de prévoyance et de ta-
lent ? Le départ pour l'Egypte, la campagne
d'Egypte, le retour d'Egypte, ne marqueront-
ils pas à jamais dans l'histoire, sous ce point
de vue aussi saillant que vrai ? Jamais de
plus éminens dangers, pesés avec toute la
maturité de la réflexion, furent-ils affrontés
avec plus de sang-froid, supportés avec plus
de courage, surmontés avec plus de gloire ?
— Mais le Héros reconnoît par-tout lui-
même son astre tutélaire, cette Providence
qui fait sa force et son appui. Combien de
fois il nous a appelés à implorer pour lui le
Dieu des armées ; à demander aux pieds du
trône du Très-Haut le succès de ses vastes
entreprises ; ou à bénir l'Eternel de ses triom-
phes éclatans, des lauriers cueillis par ses
vaillantes phalanges, de la victoire constam-

ment attachée à nos drapeaux ! — Et quel prodige sur-tout que sa préservation personnelle ! Vous parlerai-je de l'horrible trame du cinq nivôse, et de tant d'autres conspirations échouées ? Vous parlerai-je des ravages que la peste exerçoit à Jaffa tout autour de lui, sans l'atteindre ? Vous parlerai-je de son dévouement dans les combats, objet de tant de sollicitudes, de tant de prières, des représentations presqu'improbatives des Pères de la patrie et de ses propres soldats ?— Comme, à travers une mer couverte de flottes et de vaisseaux ennemis, un léger esquif ramène notre Héros inattendu dans un de nos ports ! Et qui donc fut mieux que lui en droit de s'écrier, en empruntant des accens inspirés : « *L'Eternel m'a pris par la main : ne crains rien , m'a-t-il dit, et ne sois point effrayé : réserve tes hommages pour l'Eternel des armées ; il sera un sanctuaire pour toi, une pierre d'achoppement pour tes adversaires* (1) » ! Et à qui mieux qu'à ces adversaires s'appliqueroient encore, sur-tout à l'époque de la dernière coalition contre la France, cette foudroyante apostrophe tirée du huitième chapitre d'Isaïe (s): « *Peuples, formez des ligues ;*

---

(1) Isaïe, VIII, 12—14.
(2) *Ibid.* vers. 9 et 10.

vous n'en serez pas moins vaincus ; et le bruit de votre défaite ira jusqu'aux extrémités de la terre ! Préparez-vous au combat ; vous tomberez ! formez des desseins ; ils seront anéantis ! donnez des ordres ; ils demeureront sans effet ; car le Dieu Fort est avec nous »! Et cette protection, cette préservation (qui de nous pourroit se le dissimuler, mes chers Frères ?) n'est pas moins précieuse qu'elle n'est évidente, admirable. Pourroit-on concevoir, en effet, une idée plus atterrante que celle de la perte de notre Héros ; une idée environnée de plus de sinistres images, appelant à sa suite plus de tableaux de désolation, de bouleversement, de malheur et de deuil ? — Les ennemis même de notre cause n'oseroient en disconvenir ; ce désastre affreux frapperoit du même coup la France, l'Europe, l'humanité entière. — Hâtons-nous d'en écarter l'horrible perspective ; mais bénissons d'autant plus cette providence, l'égide, le bouclier de Napoléon : implorons - la avec d'autant plus d'ardeur d'être toujours autour de lui une forteresse d'airain et comme une muraille de feu. *O Eternel ! exauce nos cris et nos supplications ! incline ton oreille vers nous, et garde ton Oint ! nous te sacrifierons des sacrifices d'action de graces ; nous invo-*

*querons ton nom avec jubilation, avec alé-
gresse* ».

Nous avons, mes chers Frères, en ce jour
d'action de graces, un second objet de commémoration sainte, intimement uni au premier ; c'est le rétablissement du Culte. Le
bienfait et le bienfaiteur ne devant pas être
séparés dans l'hommage de la reconnoissance,
le Consistoire de cette Eglise a arrêté qu'encore à ce sujet vos vœux et vos louanges
s'adresseroient annuellement au Très - Haut
dans cette convocation solennelle. Ici, mes
Frères, rappelez à votre souvenir ce mé-
morable dimanche des Rameaux, quand,
trois jours après la promulgation de la loi
organique des cultes, le Chef de l'Etat, aux
hautes conceptions de qui nous en sommes
redevables, fut lui-même en grande pompe à
la métropole de sa communion, se prosterner
devant l'Eternel et le bénir en son Christ ;
quand nous-mêmes vous portant ici la parole sainte, nous fîmes retentir dans ce temple, avec une application nouvelle, analogue
à la circonstance, ce dernier mot du Sauveur
expirant : *Tout est accompli !* Je vous disois :
« Chrétiens, quelle que soit la bannière sacrée
sous laquelle nous marchons... Cette bannière
porte toujours le nom du Christ !... ne rivali-

sons désormais que de vertu et de gratitude. La religion est la chaîne d'or par laquelle un ancien poète suspendoit la terre au trône de l'Eternel; qu'elle soit aussi la chaîne indissoluble qui, pour le plus grand bien commun, resserre nos rapports sociaux; par laquelle nous ne formions tous qu'une vaste famille ! » Et vos cœurs, Chrétiens, répondoient au nôtre; et nos larmes de joie se confondoient devant Dieu ; et voyant la clé de la voûte apposée à l'édifice, nous nous rassurions sur nos destinées sociales ; nous nous écrions avec un transport unanime : *Tout est accompli !* — Ces affections étoient alors d'autant plus vives, que nous avions plus présens à notre imagination tous les désordres, toutes les calamités, tous les sacriléges qui avoient accompagné au milieu de nous, sinon l'absence, du moins la violente compression du culte; que la douloureuse expérience de la privation de ses inappréciables avantages venoit de nous rendre la religion plus chère; que le Dimanche, mémorial de la résurrection de notre divin Chef, naguère proscrit et souillé, recevoit en quelque sorte une nouvelle sanction ; que tout ainsi rentroit dans l'ordre évangélique, et, dans notre propre régénération, nous rappeloit l'église naissante ; le berceau de la Foi , gardé par la Charité.

Avons-nous besoin de vous le redire, Chrétiens ? l'ordre social, le bonheur public, la discipline domestique , la sécurité et la confiance mutuelle des citoyens entr'eux , sont dans le plus intime rapport avec la religion ; elle en est la base et l'appui. Bannissez des familles , bannissez de la société la crainte de Dieu ; bannissez-en le respect pour sa parole et pour ses autels ; vous ôtez aux passions perturbatrices le frein le plus efficace ; vous énervez l'obéissance due aux lois ; vous détruisez la digue la plus puissante ; le boulevard le plus imposant qui mettent la cité à couvert du brigandage et de l'oppression. O ! béni soit donc celui qui a arrêté au milieu de nous le torrent de l'impiété ; qui a conjuré tous les malheurs que son débordement impétueux roule dans la rapidité de son cours ; qui a rendu à l'éducation et aux mœurs une sanction méconnue , celle du christianisme ! Mais, Chrétiens Réformés , n'oublions pas en particulier les obligations importantes que nous avons, comme tels, à notre magnanime Empereur. Trop long-temps notre religion fut persécutée , proscrite : l'entraînement des circonstances, la force de l'opinion l'avoient, en dépit d'une législation absurde, toujours subsistante, fait tolérer ensuite. Enfin elle avoit bien obtenu une existence légale, mais sans organisation, sans code régulateur, et d'autant, toujours vacillante et précaire. C'est à ce pressant besoin de notre culte qu'a pourvu dans sa sagesse Napoléon-le-Grand ; c'est là l'immortelle obligation que nous lui avons ; c'est là, sur-tout en ce jour, la matière de nos bénédictions et de nos louanges. Oui, malgré l'envie, l'injustice et la superstition ; malgré un fanatisme diffamateur, (que ne nous est-il permis de croire que désormais ces passions, ces travers ont cessé !), la loi assimile dans sa protection et dans ses faveurs toutes les communions chrétiennes ; il n'est plus de privilége, il n'est plus d'exclusion pour aucune ; le Chef de l'Etat invoque les prières de toutes, fait exprimer à l'Eternel sa reconnoissance par l'organe de toutes, est jaloux de se voir bénir par toutes, comme il accorde à toutes des témoignages flatteurs de son estime et de sa bienveillance. — O quelle différence du passé ! quel aiguillon pour bien mériter de ce Génie tutélaire ! quels motifs pour rejeter loin de nous la méfiance et le soupçon que pourroient faire renaître autrement des diatribes, des déclamations, imprégnées du venin de la haine et de la calomnie ! — Puisse enfin partout, dans de saints embrassemens, la Foi s'unir à la Paix et la Justice à la Charité ! Puisse par-tout une législation conciliatrice exciter la même reconnoissance ! Que partout les cultes Chrétiens opèrent tout le bien dont on les a jugés capables, et qu'ils se rapprochent, qu'ils s'identifient par leur salutaire influence, par une honorable émulation ! Doctrine de mon Sauveur, céleste Religion de lumière et de paix ! préserve, préserve par-tout l'ordre social d'être menacé par de nouveaux dangers ! Avec la sagesse, la modération, la concorde, le pardon des offenses, unis par des nœuds sacrés toutes les classes de citoyens ! Que tous frères aux yeux de Dieu, tous égaux aux yeux de la Loi, ils s'entr'aiment, ils s'entr'aident les uns les autres, et que de simples nuances d'opinion et de rit ne troublent plus l'harmonie des cœurs, ni ne relâchent le lien de la perfection, la Charité ! — Héros législateur, ô toi qui dès tes jeunes années as vu ton nom seul devenir progressivement une autorité imposante, une véritable puissance ! toi que le Génie et la Valeur, que la Victoire et la Renommée ont consacré comme fondateur d'une dynastie nouvelle ! toi par la forte volonté de qui cessent pour nous, cesseront pour l'Europe (nous osons le croire) les vagues incertitudes de l'avenir ! Héros législateur, que ce jour qui te vit naître, nous voie célébrer avec toi, jusqu'au terme le plus reculé de la vie humaine, son solennel anniversaire ! La patrie s'est emparée de ton existence entière : Sous les auspices du Très-Haut, prolonge pour elle cette existence, le garant de la gloire et de la prospérité nationales ! Tu l'as dit, et ta parole Impériale est gravée au fond de nos cœurs : « L'empire de » la loi finit où commence celui de la con- » science ». C'est à toi de faire concorder sans cesse ces deux empires ; ils demandent à te chérir, à te respecter, à te bénir à l'envi, mais chacun dans les bornes qui lui sont tracées. Temples de la capitale, temples de toute la France, retentissez long-temps du concert de nos hymnes sacrés, de l'unisson de nos actions de graces ! Jamais, ô mon Dieu ! celui qui avec toi nous a sortis du chaos du désordre, avant-coureur de la dissolution ; celui qui a remis à sa place le premier des peuples, et qui n'a d'autre ambition que de l'y maintenir ; celui qui a relevé parmi nous tes autels ; non, jamais il ne sera loin des ferventes invocations que nous élevons vers toi, parce que jamais il ne sera hors de nos pensées ni de nos cœurs. Qu'il rende la paix au monde, l'abondance et la prospérité à nos cités! qu'il revivifie le commerce et enflamme d'émulation une libérale industrie ! que les arts, les sciences concourent par leurs chefs-d'œuvre à l'éclat de son règne ! qu'à sa paternelle administration s'applique encore cette parole de ton prophète : *Nos briques tombent, mais nous bâtissons en pierres de taille ; nos figuiers sauvages sont coupés, mais nous les changeons en cèdres* (1) ; et enfin celle-ci, également empreinte de la verve d'Isaïe (2) : *Pour certain, on dira en ces jours : la justice et la force viennent de l'Eternel ; mais quiconque s'opposera à son Oint, sera confondu, et c'est en vain qu'on s'irriteroit contre lui.* Amen !

____

(1) Isaïe, IX, 9.
(2) *Ibid.* XLV, 24.

TROISIÈME CHANT.

Cantique tiré du Pseaume LXXII.

DONNE tes lois , Dieu juste et sage,
   Aux Rois , pour bien régner !
Aux fils des Rois , dès leur jeune âge,
   Veuille les enseigner !
Qu'à ton peuple on rende justice
   Avec intégrité ;
Et que le pauvre te bénisse
   Dans sa nécessité !

Puisse aux vallons, comme aux montagnes,
   La paix croître et fleurir !
Puissent les mers et les campagnes
   La justice nourrir !
Ainsi tous , d'une ardeur commune,
   Grand Dieu ! t'adoreront ,
Tant que le soleil et la lune
   Au firmament luiront.

Enfin tous les peuples du monde,
   Sous toi, selon leurs vœux,
Jouiront d'une paix profonde,
   Et se diront heureux.
Béni soit donc dans tous les âges
   Le Dieu Fort, l'Eternel,
Seul admirable en ses ouvrages ;
   Le grand Dieu d'Israël !

SECONDE PRIÈRE.

Suprême Arbitre des événemens, modérateur suprême des peuples et des rois, à toi seul est la puissance et la gloire, l'empire et la magnificence, aux siècles des siècles ! Seigneur, si tu ne bâtis la maison, ceux qui la bâtissent y travaillent en vain ! Si tu ne gardes la cité, ceux à qui la garde en est confiée, veillent en vain. Pénétrés de ces vérités, nous nous associons, devant toi, à la légitime reconnoissance du Chef de l'Etat, et nous te portons l'humble aveu de notre commune dépendance. C'est toi qui as élevé sur nous Napoléon, ton Oint ! c'est toi qui environnes des succès les plus éclatans son glorieux empire ! c'est toi qui protéges, qui préserves de mille dangers sa tête si précieuse à la Nation ! c'est toi qui attaches la victoire à ses drapeaux ; qui, dans la victoire, lui fais rechercher, lui fais obtenir la paix, ce bien mille fois plus cher et qui seul peut le consoler de ses lauriers teints de sang. Grand Dieu ! que nos hommages, que ceux de notre auguste Empereur, que ceux de la Patrie entière te soient agréables ! que la reconnoissance appelle sur nous de nouveaux bienfaits, et la filiale soumission, une protection soutenue. Pour l'amour de nous, grand Dieu! sois sans cesse à la droite de celui que tu as préposé sur nous! Continue à le garantir de périls et de piéges! Si, dans son infatigable dévouement, il prodigue sa santé et ses forces, soutiens-les, restaure-les par un miracle de ta puissance! Qu'inspiré par ta sagesse, il rende son règne le règne de la magnanimité, du bon ordre et de la justice! Qu'il s'honore de faire fleurir parmi nous les mœurs, la religion, la piété! Nous te bénissons de la réorganisation des cultes, son honorable ouvrage. Nous te bénissons, en particulier, de la tardive justice rendue au culte épuré qui nous a été transmis par nos ancêtres. Puisse le nouveau Cyrus recueillir du rétablissement de tes autels tout le bien qu'il est en droit d'en espérer! Fais concourir à la félicité publique les sciences, les arts, l'agriculture, la navigation, le commerce, l'émulation et les succès d'une industrie généreuse et irréprochable! Que la paix, déjà conquise pour le continent, s'étende bientôt au vaste domaine des mers! Que de tous les points de la France, que de toutes les régions de la terre, s'élève vers le palais de ta gloire ce cantique d'unanime louange : *O! que le peuple ainsi béni, est digne d'envie! O ! que bienheureux est le peuple dont l'Eternel est le Dieu !*

Nous te bénissons , Seigneur, de faire asseoir sous le dais Impérial les graces à côté de la valeur, la bonté à côté de la force ; de faire de la bienfaisance le nœud sacré qui unit le couple auguste. Associe à toutes les prospérités de l'Empereur, à toutes celles de la France, l'Impératrice Joséphine ! Associes-y toute la famille Impériale ! Que le rang suprême soit pour tous ceux que tu y élèves ou que tu en rapproches , un puissant motif de se signaler par les plus touchantes vertus ! Que semant par - tout le bonheur autour d'eux , ils le recueillent au fond de leur propre cœur !

Que tous les grands dignitaires de l'Etat , que tous ceux qui, dans la hiérarchie constitutionnelle des pouvoirs , concourent à la délibération , à la confection, au maintien , à l'exécution des lois , dignes de ta paternelle approbation, le soient de l'estime et de la confiance nationales !

Bénis ton Eglise ! bénis ce Troupeau ! O ! quand verrons-nous , sous la bannière de la charité évangélique , régner unité d'esprit, unité de cœur, dans l'oblation d'un culte uniforme, digne de ton Christ , digne de toi!

Dans tous les sens et sous tous les rapports, tu connois mieux nos besoins, ô notre Dieu ! que nous ne les connoissons nous-mêmes. Sois au milieu de nous le père des orphelins, le mari des veuves, le consolateur des affligés, le trésor des pauvres, le médecin des malades, la vie et le salut des mourans ! Sois, Seigneur, tout en tous ! Par-tout investis-nous des grandes idées de ta toute-présence, de ta toute-science, de la fugitive durée du temps, du compte que tu en demanderas à chacun de nous, de la mort qui nous menace, de l'éternité qui nous attend ; et que ces fécondes inspirations, en nous rendant sages à salut, nous mûrissent pour une béatitude sans fin et sans bornes ! Nous t'en supplions au nom et pour les mérites de Jésus-Christ, l'unique source de notre salut, le constant objet de notre foi et de nos espérances.

Amen !

QUATRIÈME CHANT.

Cantique composé de deux versets du Pseaume LXXXV, et de deux autres additionnels , sur l'air du méme Pseaume.

DANS sa bonté l'Eternel parlera;
Et de sa voix les cieux retentiront :
En père tendre il nous accueillera ;
Et dans ses bras ses enfans voleront.
Dès qu'on le craint, qu'on l'invoque au besoin ,
De l'Eternel le secours n'est pas loin :
Par sa faveur nous voyons de nos yeux
Sa gloire encore habiter en ces lieux.

Un saint Accord à la Foi s'unira ,
Et la Justice embrassera la Paix :
Le bien public de leurs liens naîtra ,
Et Dieu d'en haut remplira nos souhaits.
Il répandra ses biens sur nos maisons :
Nos champs rendront leurs fruits dans leurs saisons :
Devant ses pas marchera la Bonté :
Par-tout, sous lui, régnera l'Equité.

Déjà, grand Dieu ! tu préparois ces biens ,
Quand tu formas l'Homme selon ton cœur :
Tu l'as comblé de puissance et d'honneur ;
Et, chaque jour, c'est toi qui le soutiens.
Pour t'assurer l'hommage des mortels ,
Nous l'avons vu relever tes autels :

Nous le verrons rétablir à jamais,
Les bonnes mœurs, l'abondance et la paix.

Par ses exploits son empire étendu
Des étrangers deviendra le séjour;
Et l'envieux, lui-même confondu,
S'étonnera de l'aimer à son tour.
Toutes les voix s'éleveront en chœur,
Pour célébrer le Béni du Seigneur,
Qui, dans l'éclat dont il brille à nos yeux,
Baisse le front devant le Roi des cieux.

BÉNÉDICTION.

Que la grace de Dieu en Jésus-Christ soit
et demeure éternellement avec vous, par les
abondantes communications de l'Esprit Saint.
Amen.

DE L'IMPRIMERIE DE CRAPELET.

BIBLIOTHEQUE NATIONALE DE FRANCE

www.ingramcontent.com/pod-product-compliance
Lightning Source LLC
Chambersburg PA
CBHW061350050726
47595CB00005B/2156